AF242678

ENCORE UN MOT

SUR

LA LIBERTÉ DE LA PRESSE.

PAR M. DE B*****.

A PARIS,

A LA SOCIÉTÉ TYPOGRAPHIQUE,
Place Saint-Sulpice, n° 6.

1814.

ENCORE UN MOT

SUR

LA LIBERTÉ DE LA PRESSE.

———

On diroit que les écrits qui ont paru pour ou contre la loi sur la liberté de la presse, et la loi elle-même, supposent qu'en dernier résultat les ouvrages, grands ou petits, ne peuvent être d'aucun danger : ceux-ci à cause de leur ténuité, ceux-là à cause de leur volume ; et, comme un moyen de ce genre, quand il ne peut faire aucun mal, ne peut certainement faire aucun bien, il est évident que les grands pouvoirs politiques, le public et les écrivains s'échauffent sur une chose qui ne peut faire ni bien ni mal, et qui par conséquent ne vaut pas trop la peine qu'on s'en occupe, et encore moins qu'on se divise.

C'est, de part et d'autre, ne pas faire, ce me semble, assez d'honneur aux lettres. On n'écrit si innocemment que chez un peuple qui ne sait pas lire. Il s'est fait et il peut se faire encore beaucoup de mal avec des brochures de quelques sous, et avec des ouvrages de cinq cents pages; et comme le souverain, les ministres, les tribunaux, les corps politiques ne sont établis que pour l'intérêt du public et des particuliers, et autant pour défendre les esprits de la séduction , que les corps contre la violence, le bon sens de tous les hommes et de tous les temps, le bon sens, bien préférable à l'esprit d'un siècle, d'un pays ou d'un parti, et qui, selon Bossuet, est *le maître des affaires*, le bon sens veut que la presse ne soit pas plus libre que tout autre moyen de nuire, qu'elle le soit même beaucoup moins, parce que ses effets sont plus étendus, et qu'avec la liberté illimitée d'écrire on peut, sans courage et même sans talent, troubler la société et égarer les esprits.

Nous ne sommes pas réduits sans doute à prouver l'influence des productions de l'esprit sur l'état de la société. S'il est vrai que *l'opinion soit la Reine du monde*, c'est par les livres qu'elle se forme, s'égare ou se redresse. Le désordre des finances ne détruit pas un État, parce qu'après tout un État ne paie que ce qu'il peut payer, et que les créanciers n'ont pas contre leur débiteur la ressource de *l'expropriation forcée*. Le désordre des mœurs ne détruit pas un État, parce qu'il y a toujours, même dans le pays le plus corrompu, plus d'hommes réglés que d'hommes dissolus. La tyrannie même ne détruit pas un État, parce que la tyrannie passe avec le tyran, et que la société lui survit. Une peuplade sauvage, ou dans l'état purement physique, périt par des accidens physiques : la guerre, la famine, ou les maladies. Un peuple civilisé, ou dans l'état moral, ne peut périr que par des causes morales, par la corruption de l'esprit et la propagation de fausses doctrines qui mettent en problème toutes les vérités et toutes les vertus, attaquent, l'un après l'autre, tous les principes de la société, en relâchent tous les liens, et font, en un mot, douter les gouvernements de leur pouvoir, et les peuples de leurs devoirs. Un livre a civilisé le monde; les livres, s'il étoit possible, le replongeroient dans la barbarie, et nous en avons fait l'essai: « Les livres ont tout fait.... dit quelque part Voltaire, et ils le savoient bien, ceux qui élevoient à grands frais le monstrueux édifice de l'encyclopédie pour endoctriner les habiles ou plutôt les lettrés, en même temps qu'ils recommandoient à leurs adeptes, dans leurs lettres confidentielles, les brochures à dix sous pour *les cuisinières.*

Sans doute un volume de cinq cents pages pourra ne pas avoir l'effet prompt et immédiat d'un pamphlet lancé à propos dans le public; mais cet effet, pour être moins subit et moins aperçu, ne sera pas moins funeste, et sera surtout plus irrémédiable. Si le pamphlet enflamme les têtes et trouble un moment la marche de l'administration, l'ouvrage sérieux corrompt les esprits, égare l'autorité elle-même, et mine à petit bruit les fondemens de l'État; et il ne faudroit pas de longs raisonnemens pour prouver qu'on peut (toutefois dans les temps tranquilles) permettre la libre circulation des brochures, et qu'on doit réserver toute la sévérité de la censure pour les ouvrages importants. Si nulle part il n'est permis à un orateur de tribune de rassembler autour de ses tréteaux cinq ou six cents personnes pour déclamer devant elles sur les lois et sur les mœurs, sur la paix et sur la guerre, sur le souverain et sur ses ministres, sur la religion et sur le gouvernement, sur le public enfin et sur les particuliers, pourquoi laisseroit-on un écrivain sans mission et sans autorité réunir dans une même opinion cent mille esprits peut-être parmi lesquels les plus ignorants et les plus faux sont toujours les premiers et les plus ardents à écouter, à recevoir, à défendre les plus absurdes paradoxes, et souvent les plus dangereux?

« Tout est dit, répondent les partisans de la
« liberté illimitée, tout est dit depuis long-temps
« sur la religion et sur la politique, on n'écrira
« pas sur ces matières délicates avec plus de
« subtilité que Bayle, plus d'esprit et d'agré-
« ment que Voltaire, plus de chaleur et de
« force que J. J. Rousseau.... » Mais tout ce
qu'ils ont dit avoit été dit avant eux ; le fonds
des erreurs est toujours le même, la manière
de les présenter est seule différente ; et tout
écrivain est assuré de produire un grand effet,
lorsque, pour rajeunir d'anciennes erreurs, il
saisit dans son style le goût et l'esprit de son
siècle. Ainsi les matières premières des arts
de luxe ont toujours et partout été les mêmes ;
mais la forme que leur donne l'industrie varie
selon les lieux et les temps. Vous croyez qu'on
a tout dit, parce que vous-même vous n'avez
rien à dire. Au temps de Salomon on disoit
la même chose ; et peut-être il se prépare dans
le silence du cabinet tel ouvrage qui égareroit
plus de têtes et enflammeroit plus de passions
que ne l'ont fait les écrits philosophiques du

dernier siècle, ou les pamphlets de 1789. En vain on diroit que les écrits dangereux seront réfutés, et que la vérité naîtra du choc des opinions; les hommes puissants en œuvres et en paroles, soit pour attaquer les vérités reçues, soit pour les défendre, ne naissent pas précisément aux mêmes époques, et la société a rarement le spectacle de ces combats, corps à corps, entre des écrivains de même force. D'ailleurs les gouvernements, tuteurs de l'éternelle minorité des peuples, ne peuvent pas livrer la morale publique au hasard d'un combat inégal entre les esprits, et laisser ainsi à la merci des opinions particulières l'éducation de leur pupille. Le châtiment suivroit de près la faute; les erreurs qu'ils n'auroient pas réprimées seroient réfutées tôt ou tard par des révolutions, comme les maladies négligées qui se terminent à la mort.

« Le mal s'usera par son excès. La multi« plicité des écrits rendra le lecteur insensible « à l'effet qu'ils peuvent produire, et l'on se « dégoûtera d'écrire quand on ne trouvera plus

« de lecteurs.... » Mais ce seroit un grand mal, et un symptôme assuré de dégénération. Il ne faut rien user chez un peuple, pas plus sa sensibilité que sa patience. Laissez-lui cette susceptibilité source des plus grandes vertus publiques et des plus héroïques actions, et seulement dirigez-la pour qu'elle ne se méprenne pas sur son objet. Un peuple vertueux n'est pas un peuple éteint, et la vertu n'est ni insensibilité, ni impuissance. Je ne veux pas qu'un peuple, à force d'être agité, ne puisse plus être remué ; laissez-le au repos, et au moment du danger, il retrouvera le mouvement. L'Europe en a vu récemment un grand exemple. Si à tout propos et sans raison on crioit *au feu* dans les rues, il ne se trouveroit personne pour éteindre les incendies. C'est ce que font les pamphlets, ils crient des périls imaginaires, et nous endorment sur les maux réels. C'est en nous faisant peur de *Pitt et Cobourg* et du *cabinet autrichien* que les écrits du temps nous ont poussés à une guerre interminable. Quand ils n'ont su comment justifier la conscription, ils se sont jetés sur la féodalité , abolie depuis des siècles ; et en alarmant le peuple sur le prétendu despotisme de l'ancien gouvernement, ils l'ont conduit à la plus horrible tyrannie.

On croit la liberté de la presse un préservatif contre la tyrannie, elle en est toujours le plus servile instrument. On n'avertit pas par des écrits un peuple de se préserver de la tyrannie qui, une fois qu'elle a commencé, va jusqu'au bout, parce qu'elle est dans le caractère d'un homme, et non dans ses intentions; mais on avertit le tyran qu'il y a des écrivains ; il achète les foibles, il proscrit les forts et une nation s'aperçoit qu'elle a un tyran aux flatteries des uns et au silence des autres.

La liberté de la presse conduiroit plus tôt un peuple à la servitude. Un gouvernement tourmenté par d'éternelles accusations, dénoncé pour le mal qu'il ne peut empêcher, et quelquefois pour le bien qu'il veut faire, responsable du malheur comme de la faute, se réfugie dans la tyrannie, et opprime pour n'être pas opprimé. Le ministre honnête et foible abandonne le poste qu'il ne peut plus tenir. L'homme fort le dédaigne, ou s'y retranche contre l'injustice et la haine. Le devoir de gouverner n'est plus pour un roi et pour ses ministres que le soin de se défendre; les ministres n'ont plus cette sécurité qui siéd à de nobles caractères; ni les rois, cette confiance qui est l'âme des grandes choses; l'élévation des sentiments et des vues est sans cesse froissée dans cette misérable guerre de soupçons et de défiances; et un peuple de dénonciateurs et de motionnaires ne peut plus espérer à l'avenir de Sully ni de Henri IV.

On voit toujours les gouvernements en conspiration permanente contre les peuples, les ministres toujours indignes de la confiance des gouvernements; il faut plutôt voir dans cette disposition chagrine et haineuse l'ambition des places, et la jalousie contre ceux qui les occupent; et combien avons nous vu de ces chauds partisans de la liberté s'indigner d'être sujets, et aspirer à être subalternes?

« Mais comment empêcher les abus de la

« presse, aujourd'hui que le commerce et les
« lettres ont établi entre les différents peuples
« des communications si faciles et si multi-
« pliées. Les écrits proscrits dans un pays ar-
« riveront en foule des pays voisins, et vous
« aurez, en sus du mal que peuvent faire les
« écrits prohibés, les frais d'une surveillance
« inutile. Il faudra ou permettre les livres, ou
« fusiller les auteurs. » Malheureusement partout, et même en Angleterre, on fusille pour
bien moins, puisqu'on se fusille entre citoyens
pour empêcher ou favoriser l'introduction des
toiles de lin ou de coton, des laines ou de la po-
terie, etc., etc. Il ne faut pas fusiller les écrivains;
mais pourquoi ne feroit-on pas, pour l'intérêt
des mœurs et de l'ordre public, ce qu'on fait
pour l'intérêt du commerce et des douanes?
On n'empêche pas tout le mal, mais on en
diminue la somme. Le prix des livres importés
de l'étranger croît en raison du risque qu'il y
a à les introduire ; et, dans l'opinion de ceux
qui permettent la libre circulation des écrits
de cinq cents pages, il est égal que l'ouvrage ait

trente feuilles d'impression, ou qu'un écrit de trois feuilles coûte trente francs. Dans ce genre, comme en bien d'autres, l'administration peut tout ce qu'elle veut. En vain on allègue l'exemple de l'ancien gouvernement, et le débordement d'écrits de toute espèce dans la dernière moitié du dernier siècle. On sait qu'après la mort du chancelier d'Aguesseau les maximes sévères du gouvernement sur la censure changèrent tout-à-fait, et qu'après avoir commencé par fermer les yeux sur les ouvrages suspects, il finit par tolérer les livres dangereux. Quand la police proscrivoit Bélisaire, et décrétoit de prise de corps l'abbé Raynal, elle n'avoit pas au fond plus d'envie de supprimer l'ouvrage que d'emprisonner l'écrivain. Il semble à quelques personnes qu'il ne doive plus y avoir de peines sévères sous un gouvernement modéré. La tyrannie n'est pas dans la sévérité des peines, mais dans leur disproportion avec les délits; or, chez un peuple qui lit, c'est un délit très-grave qu'un livre dangereux, et même, après la révolte à main armée, le plus grave qu'on puisse commettre contre l'ordre public.

On croit répondre à toutes les objections en citant l'exemple de l'Angleterre. On pourroit opposer à ces indiscrets imitateurs d'institutions étrangères qui ne voient dans un État que les formes matérielles du gouvernement, et ne considèrent pas l'esprit d'une nation, cet esprit que forment des nécessités de position et d'habitudes, et qui est devenu pour un peuple la nature même; on pourroit leur opposer l'autorité de Montesquieu, s'il n'étoit pas de la destinée de Montesquieu, comme de celle de J. J. Rousseau, de ne faire autorité en France que par ses erreurs. C'est dans le même chapitre où il parle de la liberté de la presse en Angleterre. « Toutes les passions y étant libres « la haine, l'envie, la jalousie, l'ardeur de s'en- « richir et de se distinguer, paroîtroient dans « toute leur étendue... Comme chaque parti- « culier, toujours indépendant, suivroit beau- « coup ses caprices et ses fantaisies, on chan- « geroit souvent de parti; et souvent dans cette « nation on pourroit oublier les lois de l'a- « mitié et celles de la haine. *Cette nation tou-*

« *jours échauffée pourroit plus aisément être*
« *conduite par les passions que par la raison,*
« et il seroit facile à ceux qui la gouverneroient
« de lui faire faire des entreprises contre ses
« propres intérêts.... »

Si ce sont là, pour les Anglais, les effets de la liberté de la presse, comme on n'en sauroit douter, si le même moyen doit nous conduire aux mêmes résultats, et que les passions particulières doivent nous tenir lieu de raison publique, si le particulier doit être toujours *indépendant*, et la nation *toujours échauffée*... Malheureuse génération ; renonçons pour jamais à l'ordre public et au bonheur domestique ; recommençons notre révolution.

« Et qu'on parle de nous ainsi que de nos pères. »

Je le dirai même aux partisans de la constitution que nous venons de recevoir. La constitution anglaise existoit non-seulement avant la liberté de la presse, mais avant l'invention de l'imprimerie ; et elle a pu résister à une maladie qui ne l'a attaquée que dans la force de l'âge : chez nous, au contraire, la liberté de la presse commence ou recommence avec nos institutions nouvelles. C'est un serpent dans le berceau de la constitution, et son enfance n'est pas celle d'Hercule.

Qui est-ce qui ne connoît pas toutes les phrases que l'on a faites et que l'on fera sur la liberté de penser, sur la perfectibilité indéfinie, le progrès des lumières, la résistance à l'oppression, etc., etc.? Tout cela est usé pour nous, qui avons vu éclore avec la liberté de la presse la licence d'écrire la plus effrénée, une ignorance profonde, l'obscurcissement des plus saines doctrines, les idées les plus sauvages, la tyrannie la plus monstrueuse, et la servitude la plus abjecte. Qu'on n'oppose pas l'expérience ; elle est perdue pour les passions, d'autant plus dangereuses dans ce moment, qu'aux premiers jours de notre révolution il n'y avoit que des mécontents, et qu'aujourd'hui la nécessité des temps a fait des malheureux.

Je n'ai considéré la liberté de la presse que dans son influence sur l'état de la société, et je n'ai rien dit de ses dangers pour l'honneur ou la fortune des particuliers. Ici il y a une observation à faire. L'état social compromet la *sûreté* individuelle par le grand nombre d'hommes qu'il rapproche les uns des autres et les passions qu'il excite; mais le gouvernement nous doit à tous la *sécurité*, c'est-à-dire, la certitude qu'il veille pour prévenir les dangers qui menaceroient notre sûreté, ou punir les torts qu'il n'a pu prévenir. Il nous doit *police* et *justice*; police qui prévient; justice qui punit et qui répare. Ainsi le gouvernement ne peut pas *assurer* ma vie contre un assassin, ou ma fortune contre un voleur, pas plus que je ne peux les *assurer* moi-même; mais je sais que sa police exerce une surveillance sévère sur les hommes dangereux; je sais qu'il a institué des tribunaux pour rechercher et punir les délits, et je voyage, sinon avec sûreté entière, du moins, et ce qui suffit, dans une pleine sécurité.

L'homme ne doit pas mettre à son honneur
moins de prix qu'à sa vie ou à ses biens.
Sans doute le gouvernement ne peut pas
le garantir contre un libelle clandestin ; mais
il me doit cette *sécurité*, que je ne serai pas
diffamé dans un écrit sorti publiquement de
presses autorisées, et de chez des imprimeurs
connus et assermentés ; et qu'il ne dépend pas
du premier barbouilleur de papier de me tra-
duire à mon insçu devant le tribunal du public,
aussi prompt dans ses préventions qu'irré-
fléchi dans ses jugements, où l'accusé a pour
juge une multitude dont il ne connoît pas
une moitié, dont il récuseroit l'autre ; qui
prononce sans informer et condamne sans
entendre. Je le répète : la justice qui punit
le délit, séparée de la police qui le prévient,
est un piége tendu à la foiblesse humaine, ou
plutôt une véritable tyrannie qui opprime jusqu'au coupable lui-même ; et l'écrivain con-
damné pour un ouvrage répréhensible peut
se plaindre que le gouvernement ne l'ait pas
sauvé de lui-même, et qu'il soit puni par la

justice pour un délit sur lequel une police paternelle auroit dû l'éclairer , et qu'elle auroit pu prévenir.

Cette même sécurité que le gouvernement doit au particulier contre les libelles qui, paroissant sous la protection des lois, pourroient attaquer son honneur ou sa fortune , il la doit encore , il la doit surtout au public contre les écrits qui attenteroient au bon ordre, aux mœurs, à la morale.

Sans doute on peut écrire ; et certes l'auteur de cet écrit a autant que tout autre écrivain de son temps le droit de réclamer la noble indépendance des gens de lettres; on peut écrire sur tout, mais non contre tout ; sur la religion et le gouvernement, pourvu qu'on écrive avec la gravité, le calme et la bonne-foi qui conviennent à ces grands objets ; et sur le particulier, pourvu qu'on ait un intérêt personnel à le faire ; et qu'on s'abstienne de l'injure comme de l'injustice. Aucune loi ne défend d'écrire , pas plus qu'elle ne défend de porter les armes ; mais la raison , source de toutes les lois, veut que vous donniez à la société une garantie que les écrits que vous publiez ne seront pas nuisibles, et que les armes que vous portez ne seront dangereuses pour personne. Cette garantie ne peut être qu'une censure préalable. Écrire sur les choses ou sur les personnes, c'est instruire ou accuser publiquement. Instruire ou accuser publiquement, c'est exercer un pouvoir administratif ou judiciaire ; et pourroit-on sans imprudence abandonner ce pouvoir à tous ceux qui voudroient l'usurper ? La raison anglaise peut le penser ainsi ; la raison française décide autrement. En vain on diroit que les censeurs peuvent se tromper ou tromper la confiance du gouvernement. On peut en dire autant des juges, des administrateurs, des députés, des pairs, de tous les officiers civils et militaires, de tous les hommes, et cependant il faut des gouvernements, il faut des hommes pour conduire les hommes. On peut le dire surtout de l'écrivain lui-même, et j'ose avancer que la prévention d'erreur est plutôt contre l'auteur aveuglé, comme ils le sont tous, sur le mérite et l'innocence de leurs productions, que contre des censeurs qui jugent de sang-froid ce qui a été composé souvent dans un accès de passion, et toujours avec les illusions de la vanité et les complaisances de l'amour-propre. Ceux qui ne veulent pas de censure préalable sur les écrits demandent un jugement subséquent qui punisse les délits de la presse. Mais s'ils craignent que les censeurs ne soient trop sévères, qui leur assurera que les juges ne seront pas trop indulgents? Et remarquez la différence de la censure au jugement. La censure est un avertissement secret; le jugement une flétrissure publique. Le censeur qui refuse son approbation à l'auteur ne lui fait perdre que le temps qu'il a employé à composer son ouvrage. Le jugement qui confisque un ouvrage imprimé fait perdre à son auteur et son temps et les dépenses qu'il a faites; et l'on peut se reposer sur l'esprit du siècle et la mollesse des caractères, de l'indulgence du censeur et peut-être de la faiblesse des juges.

On ne parle que de *la liberté* de la presse : on devroit plutôt s'occuper de *l'honneur* de la presse ; et si au lieu de tant d'ouvrages impies, impolitiques, licencieux, ou seulement frivoles et inutiles, de tant de sottises et d'erreurs que nos presses ont vomies depuis un siècle, à la honte de notre littérature, et pour le malheur de l'Europe, il n'avoit paru que des ouvrages classiques, de ces ouvrages que le père de famille peut laisser impunément exposés à tous les yeux, comme le pain et l'eau qui sont toujours sur la table hospitalière du laboureur, personne ne réclameroit aujourd'hui la liberté de la presse, et tout le monde béniroit ses bienfaits.

Nos députés se trompent, s'ils croient obéir au vœu de leurs commettants en réclamant une liberté illimitée d'écrire. L'immense majorité des pères de famille, des propriétaires amis des mœurs attachés à la religion, aux lois, au gouvernement, et qui, sans faire des livres, peut-être sans savoir lire, sont guidés par le bon sens naturel, bien préférable pour la conduite de la vie et des affaires aux fausses lueurs du bel esprit, repoussent de toute la force de leur raison une liberté sans précaution , qui contrarie toute éducation publique, toute sur-veillance domestique, et fait pénétrer dans les familles, et au fond des provinces (1), des leçons de libertinage , des germes de révolte et d'impiété qui rendent la jeunesse oiseuse et indocile, et l'âge mûr, frivole ou dépravé. Ils demandent qu'on laisse les regrets s'évaporer , les haines s'éteindre , toutes les passions s'as-soupir ; qu'on permette aux esprits de se repo-ser de ces longues et cruelles agitations, et qu'on donne le temps de goûter le gouverne-

------

(1) La liberté illimitée d'écrire auroit dans les provinces des effets plus dangereux qu'elle n'en a à Paris. Une bro-chure qui ne vit qu'un jour à Paris, vivra un an dans la province. Écrite avec moins de mesure sur des choses que l'on connoît moins ou des personnes que l'on connoît davantage, elle y égareroit plus d'esprits, ou y produiroit de plus longs ressentiments ; elle en banniroit la paix et l'union , seul plaisir qu'on y goûte, et qui dédommage de tous les autres.

ment des Bourbons, à cette génération qui n'a connu du gouvernement que les réquisitions, la conscription et la guerre.

Les hommes raisonnables veulent de la liberté tout ce qui peut être utile au public et humain envers le particulier, et ils repoussent, des écrits comme des paroles, tout ce qui peut, sans motif, blesser les hommes dans leur honneur ou dans leur personne, soit qu'ils gouvernent, soit qu'ils soient gouvernés. Cette liberté sage est celle que le Roi nous a donnée, et même la seule qu'il ait pu nous donner.

Sans doute la censure préalable peut avoir ses abus, et la liberté sans censure, ses avantages; mais il n'y a que les petits esprits qui soient frappés des abus des bonnes institutions, ou des avantages des mauvaises.

Il faut avoir le courage de le dire. Les débats sur la liberté de la presse me paroissent une erreur chez une nation éclairée, et un scandale chez un peuple chrétien. Je ne demande ce que le sénat romain dans sa haute sagesse auroit pensé de cette question, lui qui-

bannissoit les philosophes de Rome et de l'Italie, ni ce qu'en auroient dit les graves magistrats, les grands écrivains eux-mêmes du siècle de Louis XIV, de ce siècle de raison, de gloire et de génie, où la presse n'enfantoit que des chefs-d'œuvre. Mais je soutiens que, si l'on pouvoit faire entendre à un conseil de sauvages ce que c'est que l'imprimerie et la puissance de la pensée, le sens droit de ces hommes simples seroit révolté qu'un gouvernement sage pût laisser à toutes les passions, à toutes les erreurs, à tous les mécontentements, à tous les regrets, à toutes les haines, ce moyen terrible d'exhaler leur venin dans des écrits qui se répandent toujours dès qu'ils sont imprimés, parce qu'on ne les imprime que pour les répandre.

Aujourd'hui que tout commis fait sa brochure, et tout professeur son livre, s'il y avoit à s'occuper de la presse dans une assemblée publique, ce ne pouvoit être que pour mettre, s'il est possible, des bornes à cette fureur de se faire imprimer, à cette intempérance d'écrits

qui, comme celle des paroles, annonce la foiblesse d'esprit de la caducité. Qu'on guérisse,
s'il est possible, les jeunes gens de cette *scri-
bomanie* qui transforme en ridicules auteurs
d'estimables et utiles citoyens ; qu'ils emploient
à s'instruire eux-mêmes le temps et la peine
qu'ils perdent à instruire le public qui n'a pas
besoin de leurs leçons ; que sous le vain prétexte
de servir la politique on ne ruine pas la morale,
et que les gouvernements se persuadent qu'il
faut peu de livres à des peuples qui lisent
beaucoup.

FIN.